BORDER ALLEIN - EIN LEBEN MIT BORDERLINE IST MÖGLICH

Mein Leben mit Borderline

Sven Ulrich

still here

Vorwort

Ein Podcaster und Content Creator, Fitnesstrainer und was er sonst noch alles macht und ist, schreibt jetzt auch noch ein Buch?

Tut das Not?

Ich bin kein Autor, ich habe keinen professionellen Schreiber, der das hier alles für mich schreibt und auch kein Lektor, der das hier prüft.
Jedes einzelne Wort kommt von mir, ist erlebt, recherchiert und spiegelt meine Gedanken wieder.
All die Thesen und die Recherchen basieren letztendlich auf meine subjektive Empfindung und ich versuche es so objektiv wie nur möglich hier niederzuschreiben.

Die ganzen Recherchen sollen nur dazu dienen, es einem Nichtbetroffenen leichter zu machen, einen psychisch erkrankten Menschen zu verstehen und einem Betroffenen, sich zu reflektieren.
Nicht mehr aber auch nicht weniger.

Natürlich kann man das alles googeln.

Alles ist im Internet zu finden und nachzulesen. Alles.

Bis auf eine Kleinigkeit:
Mein Leben.

Mein Leben und wie diese Krankheit Einzug erhielt.

Das müsst ihr hier nachlesen und ich hoffe einfach mit diesem Buch eine kleine Hilfestellung zu leisten, das diese Krankheit(en) auch genau als das annerkannt werden was sie ist/sind:
Eine Krankheit!

Ach ja, sämtliche Rechtschreibfehler schenke ich euch, die habt
ihr als "nice to have" mitgekauft.

Also dann, lasst uns beginnen und nein:
es fängt nicht mit "es war einmal" an und endet auch nicht mit
"und wenn sie nicht gestorben sind..."

Inhaltsverzeichnis

1. WAS IST DIESES BORDERLINE EIGENTLICH?

Borderline ist eine psychische Störung, die oft als Borderline-Persönlichkeitsstörung (BPS) bezeichnet wird. Es handelt sich um eine Erkrankung, bei der Menschen Probleme mit der Regulierung ihrer Emotionen und Impulse haben. Typische Symptome sind intensive und unvorhersehbare Stimmungsschwankungen, ein instabiles Selbstbild, impulsive Verhaltensweisen, unangemessene Wutausbrüche, Selbstverletzung und ein erhöhtes Risiko für Suizidversuche.

Menschen mit Borderline erleben oft starke Gefühle wie Angst, Wut oder Traurigkeit, die sie schwer kontrollieren können. Sie haben oft Schwierigkeiten in zwischenmenschlichen Beziehungen, da sie häufig idealisieren oder abwerten und oft das Gefühl haben, verlassen oder abgelehnt zu werden. Viele Menschen mit Borderline haben auch traumatische Erfahrungen in der Kindheit oder Jugendzeit gemacht.

Die Behandlung von Borderline-Persönlichkeitsstörungen umfasst oft eine Kombination aus Therapie, Medikamenten und Selbsthilfe-Strategien. Eine frühzeitige Diagnose und Behandlung kann dazu beitragen, die Symptome zu reduzieren und das Leben mit Borderline einfacher zu machen.

**Es sei direkt am Anfang vermerkt:
Borderline ist nicht heilbar - aber therapierbar!**

**Es sei direkt am Anfang vermerkt:
Borderline ist nicht heilbar - aber therapierbar!**

2. WAS ES NICHT ALLES GIBT!

Ja, ich komme gleich zu mir und meiner Geschichte. Es ist aber wichtig zu verstehen, was es alles für Symptomatiken und Ursachen gibt!

Was sind die Folgen der Borderline - Depression?

Die Folgen der Borderline-Depression können sich auf verschiedene Aspekte des Lebens der Betroffenen auswirken, darunter:

1. Beziehungen: Menschen mit Borderline-Depression können oft Schwierigkeiten haben, stabile Beziehungen aufrechtzuerhalten. Ihre Stimmungsschwankungen und emotionalen Ausbrüche können dazu führen, dass Freunde und Familie sich zurückziehen, was zu sozialer Isolation führen kann.

2. Arbeit und Schule: Die Symptome der Borderline-Depression können auch die Fähigkeit von Betroffenen beeinträchtigen, erfolgreich in der Schule oder im Beruf zu sein. Konzentrationsprobleme, mangelndes Selbstwertgefühl und unregelmäßige Anwesenheit können dazu führen, dass Betroffene Schwierigkeiten haben, ihre Arbeit oder Schule erfolgreich zu

bewältigen.

3. Selbstverletzendes Verhalten: Betroffene von Borderline-Depression können sich auch selbst verletzen, um ihre emotionalen Schmerzen zu lindern oder um eine Art Kontrolle über ihre Emotionen zu haben. Selbstverletzendes Verhalten kann zu physischen Verletzungen und dauerhaften Schäden führen.

4. Sucht: Menschen mit Borderline-Depression sind auch anfälliger für Suchtverhalten, wie zum Beispiel Alkohol- oder Drogenmissbrauch. Die Verwendung von Suchtmitteln kann zu einer Verschlechterung der Symptome führen und die Behandlung der Borderline-Depression erschweren.

5. Suizidalität: Eine der schwerwiegendsten Folgen der Borderline-Depression ist das erhöhte Risiko von Suizidalität. Menschen mit Borderline-Depression können sich oft hoffnungslos und ausweglos fühlen, was zu Gedanken an Suizid führen kann.

Welche Strategien können helfen, brenzliche Situationen zu vermeiden?

Wenn man mit einer Person interagiert, die unter einer Borderline-Störung leidet, kann es schwierig sein, Aggressivität zu vermeiden. Es gibt jedoch einige Strategien, die helfen können, die Situation zu deeskalieren und potenziell gewalttätige Situationen zu vermeiden:

1. Bleiben Sie ruhig: Es ist wichtig, ruhig und gelassen zu bleiben, wenn man mit jemandem spricht, der unter einer Borderline-Störung leidet. Eine ruhige Stimme und ein ruhiges Auftreten können dazu beitragen, die Person zu beruhigen und potenziell gewalttätige Situationen zu vermeiden.

2. Vermeiden Sie Provokationen: Wenn man mit jemandem

spricht, der unter einer Borderline-Störung leidet, sollte man vermeiden, provokative Aussagen zu machen oder eine Konfrontation zu suchen. Versuchen Sie stattdessen, eine unterstützende und verständnisvolle Haltung einzunehmen.

3. Grenzen setzen: Es ist wichtig, klare Grenzen zu setzen und diese auch durchzusetzen. Grenzen können dazu beitragen, dass die Person versteht, was akzeptables Verhalten ist und was nicht.

4. Vermeiden Sie Schuldzuweisungen: Schuldzuweisungen können dazu führen, dass sich die Person angegriffen fühlt und sich in ihrer Wut und Aggression bestärkt fühlt. Stattdessen sollten Sie versuchen, die Situation aus ihrer Perspektive zu verstehen und versuchen, gemeinsam eine Lösung zu finden.

5. Bieten Sie Hilfe an: Bieten Sie der Person Hilfe an, um ihre Emotionen und Symptome zu bewältigen. Ermutigen Sie sie, professionelle Hilfe zu suchen und bieten Sie an, sie dabei zu unterstützen.

Angst- und Panikattacken:

Angst- und Panikattacken können für Menschen sehr belastend sein, aber es gibt verschiedene Strategien, die helfen können, diese Symptome zu bewältigen. Hier sind einige Tipps:

1. Atemübungen: Tiefe, langsame Atmung kann helfen, das Nervensystem zu beruhigen und den Körper zu entspannen. Versuchen Sie, tief durch die Nase einzuatmen und langsam durch den Mund auszuatmen.

2. Progressive Muskelentspannung: Diese Technik beinhaltet das Anspannen und Entspannen verschiedener Muskelgruppen, um den Körper zu entspannen. Beginnen Sie am Kopf und arbeiten Sie sich durch den Körper, bis Sie alle Muskelgruppen erreicht haben.

3. Visualisierung: Stellen Sie sich beruhigende Bilder oder Szenen vor, um Ihre Gedanken von negativen Gedanken abzulenken und Ihre Angst zu reduzieren.

4. Achtsamkeit: Fokussieren Sie sich auf den gegenwärtigen Moment, indem Sie Ihre Sinne nutzen, um sich auf Ihre Umgebung zu konzentrieren. Dies kann helfen, Ihre Gedanken zu beruhigen und Ihre Angst zu reduzieren.

5. Positive Selbstgespräche: Verwenden Sie positive und unterstützende Selbstgespräche, um sich selbst zu beruhigen und sich auf eine positive Art und Weise zu bestärken.

6. Bewegung: Regelmäßige Bewegung kann dazu beitragen, Stress und Angst abzubauen. Versuchen Sie, eine körperliche Aktivität zu finden, die Ihnen Spaß macht, wie zum Beispiel Joggen, Yoga oder Schwimmen.

7. Vermeiden Sie Auslöser: Identifizieren Sie Situationen, die Ihre Angst auslösen, und versuchen Sie, diese Situationen zu vermeiden oder auf eine gesunde Art und Weise damit umzugehen.

Die Depression!

Die Depression kann dazu führen, dass Menschen häufiger weinen. Menschen mit Depressionen können auch eine verminderte Stimmung, Antriebslosigkeit, Verlust von Interesse und Energie sowie andere Symptome erfahren.

Hier sind einige mögliche Ursachen für Depressionen:

1. Frühe Traumatisierung: Eine Geschichte von Missbrauch, Vernachlässigung oder anderen traumatischen Ereignissen in der

Kindheit kann das Risiko für BPS erhöhen. Studien haben gezeigt, dass traumatische Erfahrungen in der Kindheit auch mit einer höheren Wahrscheinlichkeit von Depressionen verbunden sind.

2. Genetik: Es gibt Hinweise darauf, dass BPS eine genetische Komponente hat. Studien haben gezeigt, dass Menschen mit einer Familienanamnese von BPS ein höheres Risiko für die Entwicklung der Erkrankung haben.

3. Dysfunktionale Familien: Es gibt Hinweise darauf, dass das Aufwachsen in einer dysfunktionalen Familie, in der es ungesunde Beziehungen und/oder unangemessenes Verhalten gibt, das Risiko für BPS erhöhen kann.

4. Neurobiologische Faktoren: Es gibt Hinweise darauf, dass bestimmte neurobiologische Faktoren, wie z.B. ein Ungleichgewicht der Neurotransmitter im Gehirn, bei der Entstehung von BPS und Depressionen eine Rolle spielen können.

5. Negative Gedankenmuster: Menschen mit BPS neigen oft dazu, negative Gedankenmuster zu haben, wie z.B. sich selbst zu beschuldigen oder überkritisch zu sein. Diese Gedanken können zu Gefühlen von Hoffnungslosigkeit und Depression beitragen.

Was sind die typischen Anzeichen einer Borderline-Depression und wie unterscheiden sie sich von depressiven Zuständen?

Borderline-Depressionen haben viele ähnliche Symptome wie andere Formen von Depressionen, aber es gibt auch einige spezifische Anzeichen, die auf eine Borderline-Depression hinweisen können. Hier sind einige typische Anzeichen einer Borderline-Depression:

1. Instabilität: Menschen mit Borderline-Depressionen haben oft Stimmungsschwankungen und können sehr schnell zwischen

verschiedenen emotionalen Zuständen wechseln.

2. Identitätsprobleme: Menschen mit Borderline-Depressionen können Schwierigkeiten haben, ein stabiles Selbstbild zu entwickeln und können sich häufig unsicher fühlen.

3. Leere und Langeweile: Menschen mit Borderline-Depressionen können oft ein Gefühl der inneren Leere oder Langeweile empfinden, das sich schwer zu beschreiben oder zu erklären ist.

4. Selbstverletzendes Verhalten: Ein häufiges Merkmal von Borderline-Depressionen ist selbstverletzendes Verhalten wie Schneiden, Verbrennen oder Kratzen.

5. Schwierigkeiten in Beziehungen: Menschen mit Borderline-Depressionen können häufig Probleme in zwischenmenschlichen Beziehungen haben, aufgrund von Verlustangst, intensiven Emotionen oder dem Bedürfnis nach Nähe und Distanz.

6. Suizidgedanken: Menschen mit Borderline-Depressionen haben ein höheres Risiko für Suizidgedanken und -versuche als Menschen mit anderen Arten von Depressionen.

Es ist wichtig zu betonen, dass die Symptome von Borderline-Depressionen sehr unterschiedlich sein können und von Person zu Person variieren können. Es gibt keine spezifischen Diagnosekriterien für Borderline-Depressionen, und die Diagnose erfordert in der Regel eine umfassende Beurteilung durch einen professionellen Therapeuten oder Psychiater. In der Regel sind jedoch eine gründliche Anamnese und eine differenzierte Diagnostik erforderlich, um eine Borderline-Depression von anderen Arten von Depressionen oder psychischen Erkrankungen zu unterscheiden.

Wie äußert sich Borderline-Depression?

Borderline-Depressionen äußern sich auf verschiedene Weise und können von Person zu Person unterschiedlich sein. Hier sind einige der häufigsten Anzeichen und Symptome von Borderline-Depressionen:

1. Stimmungsschwankungen: Menschen mit Borderline-Depressionen erleben oft Stimmungsschwankungen und können schnell zwischen verschiedenen emotionalen Zuständen wechseln. Sie können sich in einem Moment extrem glücklich und im nächsten Moment extrem traurig oder wütend fühlen.

2. Leere und Einsamkeit: Menschen mit Borderline-Depressionen können ein Gefühl von innerer Leere oder Einsamkeit empfinden, das schwer zu beschreiben oder zu erklären ist.

3. Verzweiflung und Hoffnungslosigkeit: Menschen mit Borderline-Depressionen können sich oft hoffnungslos und verzweifelt fühlen und das Gefühl haben, dass sie nie wieder glücklich sein werden.

4. Selbstverletzendes Verhalten: Ein häufiges Merkmal von Borderline-Depressionen ist selbstverletzendes Verhalten wie Schneiden, Verbrennen oder Kratzen.

5. Intensive Emotionen: Menschen mit Borderline-Depressionen können intensive Emotionen erleben und haben Schwierigkeiten, ihre Emotionen zu regulieren oder zu kontrollieren.

6. Probleme in Beziehungen: Menschen mit Borderline-Depressionen haben oft Probleme in zwischenmenschlichen Beziehungen, aufgrund von Verlustangst, intensiven Emotionen oder dem Bedürfnis nach Nähe und Distanz.

7. Suizidgedanken: Menschen mit Borderline-Depressionen haben ein höheres Risiko für Suizidgedanken und -versuche als Menschen mit anderen Arten von Depressionen.

Es ist wichtig zu betonen, dass die Symptome von Borderline-Depressionen sehr unterschiedlich sein können und von Person zu Person variieren können. Eine gründliche Anamnese und eine differenzierte Diagnostik durch einen professionellen Therapeuten oder Psychiater sind erforderlich, um eine Borderline-Depression von anderen Arten von Depressionen oder psychischen Erkrankungen zu unterscheiden.

Welche Behandlungsmöglichkeiten gibt es für Borderline-Depression?

Es gibt verschiedene Behandlungsmöglichkeiten für Borderline-Depressionen, einschließlich Psychotherapie und medikamentöser Therapie. Eine Kombination dieser Behandlungsmethoden kann auch wirksam sein. Hier sind einige Möglichkeiten im Detail:

1. Psychotherapie:
Psychotherapie ist eine der effektivsten Behandlungen für Borderline-Depressionen. Dialektisch-Behaviorale Therapie (DBT) ist eine spezifische Art der Psychotherapie, die sich auf die Entwicklung von Fähigkeiten zur Bewältigung von emotionaler Instabilität und zwischenmenschlichen Problemen konzentriert. Andere Arten der Psychotherapie wie Kognitive Verhaltenstherapie (CBT), Interpersonelle Therapie (IPT) oder Psychodynamische Therapie können auch nützlich sein.

2. Medikamentöse Behandlung:
Antidepressiva können zur Behandlung von Depressionen eingesetzt werden, einschließlich Borderline-Depressionen. Auch Antipsychotika können zur Behandlung von bestimmten Symptomen wie Wahnvorstellungen, Halluzinationen und Stimmungsschwankungen eingesetzt werden.

3. Klinische Behandlung:
Eine stationäre oder teilstationäre Behandlung kann erforderlich

sein, wenn die Symptome schwerwiegend sind oder wenn der Patient suizidal ist.

4. Selbsthilfegruppen:
Teilnahme an Selbsthilfegruppen kann dazu beitragen, dass sich Menschen mit Borderline-Depressionen unterstützt fühlen und sich mit anderen Betroffenen austauschen können.

5. Achtsamkeitspraktiken:
Achtsamkeitspraktiken wie Meditation, Yoga oder Tai-Chi können zur Stressbewältigung beitragen und die Stimmung verbessern.
Es ist wichtig zu beachten, dass die Behandlung von Borderline-Depressionen individuell auf den Patienten zugeschnitten sein sollte und dass eine frühzeitige Diagnose und Behandlung das Risiko von Komplikationen und negativen Auswirkungen verringern kann.

Was ist überhaupt eine Borderline-Depression?

Borderline-Depression ist eine Form von Depression, die bei Menschen mit Borderline-Persönlichkeitsstörung (BPS) auftritt. Borderline-Persönlichkeitsstörung ist eine psychische Störung, die durch instabile zwischenmenschliche Beziehungen, Stimmungsschwankungen, impulsives Verhalten, Identitätsstörungen und ein gestörtes Selbstbild gekennzeichnet ist.
Borderline-Depression ist eine Form von Depression, die bei Menschen mit BPS auftritt und von einer "normalen" Depression unterschieden werden kann. Es gibt bestimmte Merkmale, die Borderline-Depression von anderen Formen von Depression unterscheiden können. Dazu gehören ein Gefühl der Leere und emotionale Instabilität, sowie Selbstverletzungsverhalten, Impulsivität und eine erhöhte Anfälligkeit für Suizidgedanken und -versuche.
Es gibt verschiedene Ursachen für Borderline-Depression, einschließlich genetischer Faktoren, traumatischer Erfahrungen

in der Kindheit und ungünstiger Lebensumstände. Die Behandlung von Borderline-Depression umfasst normalerweise Psychotherapie und manchmal auch medikamentöse Therapie. Es ist wichtig, dass eine frühzeitige Diagnose und Behandlung erfolgt, um das Risiko von Komplikationen und negativen Auswirkungen zu verringern.

Wie wirkt sich dissoziative Identitätsstörung auf das emotionale und soziale Wohlbefinden aus?

Die dissoziative Identitätsstörung (DIS), früher auch als multiple Persönlichkeitsstörung bezeichnet, ist eine komplexe psychische Störung, die sich auf das emotionale und soziale Wohlbefinden des Betroffenen auswirken kann.

1. Emotionales Wohlbefinden: Menschen mit DIS erleben oft wiederkehrende traumatische Ereignisse, die zu emotionaler Belastung führen können. Die Störung ist auch mit Angstzuständen, Depressionen, Selbstverletzungen und Suizidgedanken verbunden. Die emotionalen Auswirkungen der DIS können dazu führen, dass die Betroffenen Schwierigkeiten haben, stabile zwischenmenschliche Beziehungen aufzubauen und aufrechtzuerhalten.

2. Soziales Wohlbefinden: DIS kann auch das soziale Wohlbefinden beeinträchtigen. Betroffene können Schwierigkeiten haben, am Arbeitsplatz oder in der Schule erfolgreich zu sein, und sie können Probleme haben, Freundschaften oder romantische Beziehungen aufzubauen. DIS kann auch dazu führen, dass die Betroffenen sich isoliert und abgeschnitten von der Welt um sie herum fühlen.

Zusätzlich zu den emotionalen und sozialen Auswirkungen kann die DIS auch körperliche Symptome verursachen, einschließlich Kopfschmerzen, Übelkeit, Schlafstörungen und Störungen des Magen-Darm-Trakts.

Die Behandlung der DIS umfasst normalerweise eine Kombination aus Psychotherapie, medikamentöser Behandlung und Unterstützung durch eine Selbsthilfegruppe. Die Behandlung kann dazu beitragen, die Symptome der Störung zu reduzieren und das emotionale und soziale Wohlbefinden des Betroffenen zu verbessern.

3. DAS BIN ICH

So, nun zu mir. Hat ja lang genug gedauert.
Ich bin Sven, zarte 47 Jahre alt und leide seit 25 Jahren unter Depressionen.

Das ist die Kurzform.

Mein Leben ist das sprichwörtliche Beispiel, wie man es besser nicht leben sollte.
Aber man kann seine Vita nicht ändern. Es ist wie es ist.

Ich bin eigentlich ganz normal aufgewachsen, wenn...ja wenn da nicht diese Einschnitte gewesen wären.
Einschnitte bedeuten nichts anderes, als Gewalt und Mißachtung seitens eines Elternteiles. Wer, wie und warum soll hier nicht weiter ausgeführt werden.
Es ist auch irrelevant für dieses Buch.

Was das alles mit und aus mir machte, weiß ich erst, seit ich die Therapie angefangen habe. Dazu aber später.

Ich bemerkte früh, dass ich sehr "aufbrausend" und impulsiv war. Wenn ich mich ungerecht behandelt gefühlt habe, bin ich sofort aus der Hose gesprungen. Vielleicht lag es auch daran, dass ich bereits als kleines Kind schon bei jeder Kleinigkeit ins Zimmer gesperrt wurde oder eben physiche Akte erleben musste.

Das prägt.

Irgendwann weint man nicht mehr, irgendwann lacht man darüber, was jetzt nicht dazu beigetragen hat, das es besser oder softer wurde. Schläge sind Schläge und tun weh, sei es psychisch oder physisch.

Also kam was kommen musste:
Die Kindheit und die Jugend verliefen eher so semi gut und der Rebell und Parasit war geboren. Gegen alles und jeden, immer auf der Suche nach Anerkennung oder eben nach Aufmerksamkeit.

Wie man die bekommt?

Ganz einfach.

Indem man laut ruft: "Her damit!"

Es gab so viele Anlässe um auf sich aufmerksam zu machen. Sei es durch Diebstahl im Kaufladen oder durch verprügeln anderer Kinder oder gar durch Fehlverhalten in Kindergarten und Schule. Möglichkeiten gab es reichlich und jede wurde genutzt.

In der Schule merkte ich sehr früh, dass wenn ich laut bin und Dinge außerhalb der Norm tue, ich Aufmerksamkeit bekomme. Denkbar einfach oder? Sei schwierig und du bekommst was du suchst.
Das dieses Verhalten die Zukunft prägen kann und warscheinlich auch wird, daran habe ich nicht im Entferntesten gedacht oder dies auf dem Schirm gehabt.

Also nahm das Drama weiter seinen Lauf.
Es kamen die ersten Briefe nach Hause geflattert, die ersten

Konferenzen standen an, bis es dann zum ersten Schulverweis kam.
Also.
Neue Schule, altes Glück.

Natürlich änderte sich mein Verhalten dort nicht, ganz im Gegenteil:
Es wurde drastischer und intensiver.
Mit jedem Schuljahr wurde es ein krasser und wenn eine Methode ausgelutscht war, mein Gott, dann steigerte ich die Dinge einfach bis es wirklich an Grenzen stieß.

Währenddessen kam es nach wie vor zu Übergriffen auf mein Leib und Wohl aber das störte mich schon lange nicht mehr. Ich nahm es hin "wie ein Mann" und ertrug was es zu ertragen galt.

Bis zu jenem Tag.

Natürlich merkte ich, dass ich auf der Straße bestehen konnte und immer recht stark und kräftig war. Das machte ich mir zueigen.

Es kam der Tag des letzten Versuches mir weh zu tun. Ich hielt die Hand fest und tat ganz klar kund:
"Noch einmal und ich töte dich!"

Das saß.

Fürs Erste.

Natürlich war dann nicht Schluß. Dann folgte der Psychoterror. Alles was ich tat und sagte wurde mir zum Nachteil ausgelegt und an anderer Stelle so hingestellt, dass ich als der Junge galt, der nicht mehr sozialisierbar war und jetzt wirklich ins Heim muss.

Gott sei Dank empfand das der andere Elternteil als nicht zwingend und glaubte an mich. Er wußte, ein Kind erhebt niemals ohne Grund die Hand und die Stimme, es sei denn es hat einen trifftigen Grund.

Dennoch wurde nichts unternommen. Es ist auch extrem schwierig.

Versetzt euch mal kurz in die Lage des Beteiligten:
Man kommt als Ehepartner nach Hause und bekommt zwei verschiedene Varianten erzählt. Die vom Partner/ Ehepartner und die von dem Jugendlichen. Natürlich ist es schwer Partei zu ergreifen wenn man alles diplomatuisch und zugunsten der Familie entscheiden möchte.
Man steckt in einer sehr misslichen Lage, das verstehe ich heute natürlich, zumal ich selbst ein Elternteil bin.

Damals jedoch fühlte ich mich einfach nur verraten und verkauft und zwar von beiden. So wurde ich immer mehr zum Rebellen und aus Rebellion wurde Kriminalität, ein völlig normaler Vorgang wie ich fand.

Erste Anzeigen kamen durch den Schlitz, vorbeigebracht durch den Briefträger, den man ja nicht immer abfangen konnte.

Also kam es wie es kommen musste. Erst Jugendamt, später dann das erste Gewahrsam und letztendlich dann auch Gerichtsverfahren. Tolle Aussichten.

Ja, es stimmt. Ich hätte einen einfacheren Weg gehen können, doch wie hätte ich das tun sollen?
Heute weiß ich, die Krankheit war bereits in vollem Gange, ich hatte einfach nur keine Mittel dagegen, ich war der Sache unwissend ausgeliefert und seien wir mal ehrlich; wer hätte zu jener Zeit (es war um 1990) Borderline oder Depressionen bei einem Jugendlichen, bzw. bei egal wem vermutet?
Richtig.
Niemand!

4. WAS SIND DIE VERHALTENSMUSTER EINES BETROFFENEN?

Es gibt eine Vielzahl von Verhaltensmustern, die bei Menschen mit BPS auftreten können, aber hier sind einige häufige Symptome:

Impulsivität:
Menschen mit BPS können impulsiv handeln und unüberlegte Entscheidungen treffen. Sie können auch dazu neigen, riskantes Verhalten wie Alkohol- oder Drogenmissbrauch, ungeschützten Sex oder rücksichtsloses Fahren zu zeigen.

Instabilität in Beziehungen: Menschen mit BPS können Schwierigkeiten haben, langfristige und stabile Beziehungen aufrechtzuerhalten. Sie können sich schnell in andere verlieben, aber auch schnell wieder entfremden oder abwechselnd zwischen idealisierendem und abwertendem Verhalten gegenüber anderen hin- und herwechseln.

Stimmungsschwankungen: Menschen mit BPS können starke

Stimmungsschwankungen erleben, die von extremer Traurigkeit bis hin zu intensivem Glück reichen können. Diese Schwankungen können sich schnell ändern und können unvorhersehbar sein.

Selbstverletzendes Verhalten: Einige Menschen mit BPS können sich selbst verletzen, um mit emotionalen Schmerzen umzugehen. Dies kann in Form von Schnitten, Verbrennungen, Kratzern oder anderen Arten von Selbstverletzung auftreten.

Identitätsprobleme: Menschen mit BPS können Schwierigkeiten haben, ihre Identität zu definieren oder zu verstehen. Sie können sich oft leer und unverbunden fühlen und können sich schnell von einer Sache oder einer Gruppe distanzieren, um sich dann einer anderen zuzuwenden.

Angst vor Verlassenwerden: Menschen mit BPS können sich stark davor fürchten, verlassen zu werden und können Verlassenheitsgefühle haben, auch wenn es keine konkreten Anhaltspunkte dafür gibt. Dies kann dazu führen, dass sie unangemessene Anstrengungen unternehmen, um Beziehungen aufrechtzuerhalten.

Es ist bleibt zu betonen, dass Menschen mit BPS sehr unterschiedlich sein können und dass nicht jeder alle diese Verhaltensweisen aufweisen muss. Es gibt auch andere Merkmale und Symptome, die mit BPS verbunden sein können, wie zum Beispiel paranoide Gedanken, Wutanfälle oder Desorientierung.

5. HAU AB – KOMM HER!

Ein häufiges Merkmal der Borderline-Persönlichkeitsstörung (BPS) ist das sogenannte Nähe-Distanz-Problem. Menschen mit BPS können Schwierigkeiten haben, eine stabile Balance zwischen Nähe und Distanz in ihren Beziehungen zu finden.

Einerseits sehnen sie sich nach emotionaler Nähe und Intimität, aber andererseits haben sie auch Angst davor, verlassen oder enttäuscht zu werden. Dies kann dazu führen, dass sie unangemessen anhänglich und fordernd sind, während sie gleichzeitig nach Bestätigung und Sicherheit suchen.

Auf der anderen Seite können Menschen mit BPS auch dazu neigen, sich von anderen zurückzuziehen und sich emotional abzuschirmen, wenn sie sich verletzt oder bedroht fühlen. Dies kann zu unvorhersehbaren und plötzlichen Abbrüchen in Beziehungen führen, wenn sie das Gefühl haben, dass sie nicht genug Beachtung oder Aufmerksamkeit bekommen.

Dieses Nähe-Distanz-Problem kann auch in anderen Aspekten des Lebens auftreten, wie zum Beispiel am Arbeitsplatz oder in sozialen Situationen. Menschen mit BPS können Schwierigkeiten haben, eine angemessene Distanz zu wahren und können sich unangemessen engagieren oder sich zurückziehen, je nachdem, wie sie sich fühlen.

Nach dem analytischen Teil komme ich mal zur Realität.

Nehmen wir folgende Situation:
Ihr liegt als Betroffener mit eurem, nichtbetroffenen, Partner auf der Couch und ihr schaut einen Film oder eine Serie. Alles scheint in bester Ordnung, die Chips liegen auf dem Tisch und der Abend strahlt eine gewisse Harmonie aus.

Doch ganz plötzlich und wie aus dem Nichts wendet sich das Blatt und die Situation ist von der einen- auf die andere Sekunde eine ganz andere.
Plötzlich weint der Betroffene oder wird aggessiv.

Ohne erkennbaren Grund.

Einfach so.

Er wurde duch irgendeine Szene im Film oder der Serie getriggert, oder er hat ganz plötzlich einen Gedanken im Kopf, der ihn triggert und sich nicht mehr regulieren lässt.
Aus dem ganz ruhigen, sich ankuschelnden, Betroffenen wird plötzlich ein ganz anderer Mensch.
Weinend, schreiend, fluchend, zitternd und nicht wirklich bei sich.
Was ist da passiert?
Warum schlägt die Situation plötzlich um?

Ein Versuch, dies zu erklären:

Wenn ein Mensch mit Borderline-Persönlichkeitsstörung (BPS) in einen Zustand gerät, kann dies verschiedene Auswirkungen haben. Ein Zustand in diesem Kontext kann ein emotional instabiler Zustand sein, in dem sich der Betroffene sehr schnell von einer Emotion zur nächsten bewegt und starke Gefühle wie Wut, Angst oder Verzweiflung empfindet.

In einem solchen Zustand können Menschen mit BPS impulsiv und unkontrolliert handeln und Entscheidungen treffen, die ungesund oder gefährlich sind. Sie können auch dazu neigen, in ihren Beziehungen zu anderen unangemessen oder übermäßig reaktiv zu sein und Konflikte auszulösen.

Menschen mit BPS können in diesen Zuständen auch Selbstverletzungen oder Suizidgedanken erleben.

Was bedeutet das?
Derjenige ist in einer sogenannten Overthinking Phase. Das heißt, dass er sich und seine Gedanken weder reguliueren noch beeinflussen kann. Er hat keine Chance, sich diesem Zustand zu entziehen, wenn er unvorhergesehen eintrifft.
Natürlich lernt man in den diversen Therapieformen, wie man präventiv damit umzugehen hat.

Oftmals klappt es, oftmals aber eben nicht.

Das Nähe-Distanz Phänomen ist ein wesentlicher Bestandteil eines an BPS erkrankten Menschens.
Ist sein gegenüber zu nah, könnte er am liebsten nicht weit genug entfernt sein, ist der andere aber zu weit weg, sollte er doch bitte viel näher sein.

Das erscheint irrsinnig?
Möglich!

Es ist eine Krankheit, eine, die nicht sichtbar ist und durch verschiedene Fehlfunktionen im Gehirn verursacht wird.

Wie sagt meine Therapeutin immer so schön?
"Es gibt eine flächendeckende Vernetzung im Kopf (Synapsen) und ihnen fehlt da was. Sie haben quasi ein Loch in der Vernetzung und dort liegen Traumata - Kapseln in die sie sich zurückziehen wenn sie getriggert werden oder ähnliches."

Im nächsten Kapitel komme ich mit einer weiteren Recherche
wieder.

6. URSACHEN

Es gibt keine eindeutige Ursache für die Borderline-Persönlichkeitsstörung, sondern es wird angenommen, dass eine Kombination aus biologischen, genetischen, neurologischen, psychologischen und Umweltfaktoren dazu beitragen kann.

Biologische Faktoren:
Es gibt Hinweise darauf, dass Störungen im Neurotransmitter-System (z.B. Serotonin) und im Hormonsystem (z.B. Cortisol) bei der Entstehung der Borderline-Persönlichkeitsstörung eine Rolle spielen können.

Genetische Faktoren:
Es wird angenommen, dass Veränderungen in bestimmten Genen, die mit Emotionsregulation, Stressbewältigung und Impulskontrolle in Verbindung stehen, ein erhöhtes Risiko für die Entwicklung von Borderline-Persönlichkeitsstörungen darstellen können. Es gibt auch Hinweise darauf, dass die Störung familiär gehäuft auftritt.

Psychologische Faktoren:
Viele Menschen mit Borderline-Persönlichkeitsstörung haben eine Geschichte von Traumatisierung und Missbrauch in der Kindheit oder Jugend. Insbesondere traumatische Erfahrungen in der frühen Kindheit (z.B. Vernachlässigung, emotionale oder

körperliche Misshandlung) können das Risiko für Borderline-Persönlichkeitsstörungen erhöhen.

Neurologische Faktoren:
Es gibt Hinweise darauf, dass strukturelle Veränderungen im Gehirn (z.B. im limbischen System oder in der Amygdala) bei Menschen mit Borderline-Persönlichkeitsstörungen auftreten können, die zu Schwierigkeiten bei der Emotionsregulation und Impulskontrolle führen können.

Umweltfaktoren:
Schwierige Lebensumstände wie instabile oder chaotische Beziehungen, finanzielle Probleme oder Probleme am Arbeitsplatz können dazu beitragen, dass Borderline-Persönlichkeitsstörungen ausgelöst oder verschlimmert werden.

Trifft einer der o.g. Faktoren auf euch zu?
Macht einfach mal eine Selbstabfrage und lest nochmal ganz genau.

7. ZURÜCK ZU MIR

Okay, Aufmerksamkeit erhaschen kann ich also.
Das ging soweit, dass dieser besagte Elternteil verlangt hatte, dass ich ins Heim kommen sollte.

Ins Heim?
Aber entschuldige mal bitte, du hast dir dein Gegenüber doch selbst erschaffen. Ein Kind sucht immer die Nähe der Eltern, ganz egal wie gut oder schlecht es behandelt wird. Es kann gar nicht anders! Es ist auf die Zuwendung angewiesen und braucht die Unterstützung der Eltern, ohne diese Dinge ist ein Kind nicht lebens- bzw. überlebensfähig.
Jedenfalls wurden mit der Pubertät die Probleme nicht unbedingt weniger, was jetzt wohl keinen verwundert.
Die Streifzüge durch die Nächte der Heimatstadt wurden länger und häufiger und die Straße wurde die selbstgewählte Heimat und Nährboden für den weiteren Verlauf.
Heimat findet man dort, wo andere Leidensgenossen sind. Dabei ist es völlig egal ob man dasselbe Schicksal teilte oder nicht, es verband sich was blutete und es heilte sich, was verletzt war.
In der Gruppe, der Gang, war man plötzlich jemand, einer, dem zugehört wurde und der sich profiliert hatte.
Seien wir mal ehrlich:
Hat ein Jugendlicher der so viel Gewalt erfahren hatte, Angst vor Prügeleien? Vor Auseinandersetzungen mit anderen?
Eher nicht!
Also machte man sich einen Namen und erschuf sich sein ganz eigenen Kosmos, einen Kosmos, der endlich lebenswert erschien.
Worauf das hinauslief?

Man kann es sicher erahnen.

Jedenfalls musste ich nicht ins Heim, das sei an dieser Stelle erwähnt.

Den weiteren Verlauf erspare ich euch und mir, vielleicht wird das irgendwann mal ein ganz eigenes Buch.
Wer weiß...

8. DIE DEPRESSION

Eine Depression ist eine psychische Erkrankung, die sich durch eine tiefe und lang anhaltende Niedergeschlagenheit, Traurigkeit und Interessenverlust auszeichnet. Oft geht sie mit Schlafstörungen, Appetitlosigkeit, Erschöpfung und Gedanken an Wertlosigkeit und Selbstmord einher.

Die Ursachen für eine Depression sind vielfältig und können sowohl biologischer als auch psychosozialer Natur sein. Eine genetische Veranlagung, ein Ungleichgewicht im Hormonhaushalt oder eine verminderte Aktivität bestimmter Gehirnregionen können beispielsweise zu einer Depression beitragen. Aber auch belastende Lebensereignisse wie der Verlust eines geliebten Menschen, eine Trennung oder berufliche Probleme können die Entstehung einer Depression begünstigen.

Eine Depression ist eine ernsthafte Erkrankung, die nicht einfach mit Willenskraft oder positivem Denken überwunden werden kann. Eine frühzeitige Diagnose und Behandlung durch eine Fachperson, wie einem Psychiater oder Psychologen, ist daher sehr wichtig. Je nach Schweregrad der Depression kann eine Kombination aus Medikamenten und Psychotherapie eingesetzt werden, um die Symptome zu lindern und die Heilung zu fördern.

Eine Depression ist kein Zeichen von Schwäche oder mangelnder Willenskraft. Jeder kann von dieser Erkrankung betroffen sein und es ist elementar wichtig, dass Betroffene Unterstützung und Verständnis von ihrem Umfeld erhalten.

Soweit die Theorie.

Wann bermerkte ich, dass ich depressiv bin? Die Frage kann ich natürlich nicht an einem einzelnen Tag festmachen oder auf einen bestimmten Zeitraum begrenzen. Irgendwann spürte ich diese Leere, diesen Druck im Kopf, es war, als ob ein imaginärer Kessel Überdruck hatte.
Ich habe dem Gefühl keine Bedeutung beigemessen, auch nicht, als dieses tieftraurige Weinen begann, grade dann, wenn ich alleine war.
Vor anderen war ich immer derjenige, der alles im Griff hatte, der alles weiß und mit allem klar kommt.
Gingen jedoch die Lichter aus, war ich aber mit mir alleine und das wurde mit den Jahren immer schlimmer.
Mit dem Gefühl dieser Leere, der Angst und den Attacken kamen auch diese impulsiven Episoden dazu.
Das es Borderline sein könnte, darauf wäre ich niemals gekommen. Menschen mit BPS ritzen sich und gut ist. Stempel drauf und fertig ist die Marie.

Warum sollte ausgerechnet ich eine psychische Erkrankung haben?
Ich?
Der, der sich immer duchsetzte und immer stark war, jedenfalls nach außen. Von oben bis unten vollgekleistert mit Tattoos und immer böse dreinblickend, der soll krank sein? Krank ist wer ne Grippe oder eine lebensbedrohliche Krankheit hat wie Krebs oder so. Aber im Kopf gibt es kein Platz für Schwäche und schon gar nicht für eine Krankheit.
Ja, so dachte nicht nur ich, so denken leider immer noch sehr viele Menschen.
Es ist schwer etwas anzuerkennen was unsichtbar bleibt, was im Verborgenen liegt und nicht greifbar ist.
Ich verstehe das sogar, auch als Betroffener.

Dieses Trümmerfeld im Kopf macht nicht nur unfassbar müde,

nein, es laugt dich aus, erschafft komplette Leere und ein Meer von Schmerzen, die sich anfühlen, wie die schwerste, nur vorstellbare Grippe.

Täglich!

Anfangs waren es nur Phasen. Mal ein paar Tage, mal ein paar Wochen oder ein Monat. Danach ging es eigentlich wieder. Natürlich herrschte immer diese latente Angst in einem, Angst vor der nächsten Eisode, vor der nächsten Anspannung, aber im großen und ganzen war es okay.

Gut, die Einnahme von illegalen Substanzen und dem Alkoholmißbrauch machte es nicht unbedingt leichter oder besser, aber zumindest vergaß man im Rausch was einen eigentlich zerstört. Also nahm ich das Zepter selbst in die Hand und betrieb Raubbau an mir und meiner Seele, so war wenigstens ich dafür verantwortlich und sonst niemand!

Ein herrlicher Selbstbetrug, der viele Jahre nicht funktionierte, ich hingegen dachte aber, das ist DIE Lösung. Vertan, vertan sprach der Hahn...

Ich katapultierte mich in andere Sphären, in eine Scheinwelt voller Geigen, die allesamt schief klangen, aber erklärt das mal jemandem, der die Sinfonie mit verschobener Wahrnehmung wahr nimmt. Ein recht sinnfreies Unterfangen.

So schoß ich mich immer weiter und tiefer in die Schattenwelt meines Hirns und übersah dabei, dass es mich fast mein Leben kostete. Die suizidalen Gedanken und Absichten rückten immer näher und mein Leben kotzte sich vor mir aus.

Ich war weder in der Lage rational zu denken, noch war ich in der Lage, ein reeles Gefühl oder gar Liebe zu empfinden. Ich ging Zweckgemeinschaften mit diversen Frauen ein, lebte in meiner eigenen Bubble und goß mir dabei kräftig nach.

Abend für Abend.

Tag für Tag.

Immer straight geradeaus in das Desaster.

Und das kam mit großen Schritten...

9.
VERHALTENSWEISEN EINES DEPRESSIVEN

Eine der häufigsten Verhaltensweisen von depressiven Menschen ist ein depressiver Stil, der durch eine negative Sichtweise auf die Welt und die Zukunft gekennzeichnet ist. In diesem Artikel werden die Verhaltensweisen des depressiven Stils näher erläutert.

Negative Gedanken:
Depressive Menschen neigen dazu, negative Gedanken über sich selbst, ihre Umwelt und ihre Zukunft zu haben. Diese Gedanken können in Form von Selbstkritik, Hoffnungslosigkeit oder Pessimismus auftreten.

Negative Wahrnehmungen:
Depressive Menschen neigen dazu, ihre Umwelt in einem negativen Licht zu sehen. Sie können zum Beispiel nur die negativen Aspekte einer Situation sehen oder andere Menschen als feindselig oder ablehnend wahrnehmen.

Passivität:
Depressive Menschen können sich oft lethargisch und apathisch

fühlen, was dazu führen kann, dass sie wenig Antrieb haben, um etwas zu unternehmen oder sich aktiv an ihrer Umwelt zu beteiligen.

Isolation:
Depressive Menschen können sich zurückziehen und isolieren, was dazu führen kann, dass sie weniger soziale Unterstützung und Interaktion erhalten. Dies kann wiederum zu einem Gefühl der Einsamkeit und Isolation führen.

Vermeidung von Herausforderungen:
Depressive Menschen können dazu neigen, Herausforderungen zu vermeiden oder sich Situationen zu stellen, die ihnen Angst machen oder unangenehm sind. Dies kann dazu führen, dass sie sich in einem sicheren und bekannten Umfeld verstecken und sich nicht weiterentwickeln.

Pessimismus:
Depressive Menschen neigen dazu, eine pessimistische Sichtweise auf die Welt und die Zukunft zu haben. Sie können glauben, dass nichts gut wird oder dass alles schiefgehen wird.

Hoffnungslosigkeit:
Depressive Menschen können ein Gefühl der Hoffnungslosigkeit haben, dass sich ihre Situation nicht verbessern wird. Sie können glauben, dass es keine Lösung für ihre Probleme gibt oder dass sie keinen Einfluss auf ihre Umstände haben.

Selbstkritik:
Depressive Menschen können dazu neigen, sich selbst zu kritisieren und ihre eigenen Fehler zu betonen. Sie können sich selbst die Schuld geben, wenn etwas schiefgeht oder Probleme auftreten.

Überempfindlichkeit:
Depressive Menschen können emotional empfindlicher sein

als andere Menschen und können sich schnell verletzt oder entmutigt fühlen.

Selbstmitleid:
Depressive Menschen können dazu neigen, sich selbst zu bemitleiden und sich in ihren eigenen Problemen zu verlieren. Sie können das Gefühl haben, dass niemand ihnen helfen kann oder dass sie niemanden haben, dem sie sich anvertrauen können.

Tja, wie gesagt, ich war in der Abwärtsspirale gefangen und der Sog meines Seins nahm mich immer weiter mit in Richtung Abgrund.
Es kamen finanzielle Probleme durch Nichtöffnen der Briefe, die sich im Briefkasten stapelten, hinzu, Auswirkungen des Drogenmißbrauches in Form von Aggressivität und Vergesslichkeit wurden immer sichtbarer, und die Alltagsbewältigung funktionierte eigentlich gar nicht mehr.
Was heißt hier eigentlich?
Sie funktionierte kein Stück!

Alles nahm seinen natürlichen Lauf:
Schuldnerberatung, Insolvenz und das immer
währende Suchen nach sich selbst.
Was soll ich euch sagen? Ich nehme die Pointe mal vorweg:
Nichts änderte sich.

Einfach weil ich mich in meiner Sucht, in meiner Schattenwelt und in meinen Problemen verlor und ich einfach aufgab.
Langsam, ganz langsam, wie ich heute weiß, nahm das Gesicht Borderline immer mehr an Gestalt an und ich bemerkte meinen neuen, besten Freund nicht einmal.
Er schlich sich leise in mein Leben und übernahm das Kommando.
Mein Schiff war gekarpert und es segelte nun in fremder Hand.
Das Steuer hatte ich schon lange abgegeben, habe es nur nicht bemerkt. Deswegen wohl auch keine Hafen-

einfahrten mehr, es war eher ein herumirren auf offenem Meer, mit all seinen Stürmen und Unwettern.

Alles änderte sich schlagartig mit der Geburt meines Sohnes.

Plötzlich hatte ich das Gefühl, mein Leben hatte einen Sinn. Endlich konnte ich mir und allen anderen zeigen, dass ich Verantwortung übernehmen und mich als Vorbild präsentieren kann.
In dieser Rolle gehe ich bis heute auf. Meine beiden Kinder sind mein größter Halt und mein Atem.
Ohne die zwei wäre ich wohl...

Aber dennoch bekam ich das Zwischenmenschliche mit anderen Menschen nicht so gut auf die Kette. Ich konnte nach wie vor keinerlei Beziehungen oder Ehen aufrecht halten. Ich war immer schon meilenweit weg, wenn mein Gegenpart noch in der rosa Wolke verweilte. Immer auf der Suche nach Erfüllung, immer rast- und ruhelos.
Nichts schien Bestand zu haben, nichts machte mich glücklich, außer meine Kinder, die sind außen vor.

Dann kam die vermeintlich große Liebe. Wie ihr warscheinlich schon rauslesen könnt, ist auch das gescheitert.
Auch hier verzichte ich auf Namen, Gegebenheiten und intimes, einfach auch aus Respekt der betreffenden Person gegenüber.

Bis zum heutigen Tage fällt es mir unglaublich schwer zu vertrauen, zu fühlen oder einfach zur Ruhe zu kommen.
Ich lerne jeden Tag, versuche immer mich weiter zu entwickeln, es fällt jedoch nicht immer leicht.

10. BEZIEHUNGEN UND BORDERLINE

Ihr kennt das bereits. Hier einige Fakten:
Menschen mit BPS können Schwierigkeiten haben, dauerhafte und stabile Beziehungen aufrechtzuerhalten.

Einige mögliche Auswirkungen von BPS auf Beziehungen sind:

Intensive und instabile Beziehungen:
Menschen mit BPS können sehr intensive und emotionale Beziehungen zu anderen Menschen aufbauen. Diese Beziehungen können jedoch auch sehr instabil sein und häufig von idealisierenden und abwertenden Phasen geprägt sein.

Angst vor Verlassenwerden:
Menschen mit BPS haben oft eine ausgeprägte Angst vor Verlassenwerden. Diese Angst kann dazu führen, dass sie sich in Beziehungen klammern oder andere dazu bringen, sich von ihnen zu entfernen.

Impulsivität:
Menschen mit BPS können impulsiv handeln und Entscheidungen treffen, die ihre Beziehungen beeinträchtigen können, wie z.B. plötzliches Verlassen von Beziehungen oder unüberlegte

Wutausbrüche.

Schwierigkeiten mit Grenzen:
Menschen mit BPS können Schwierigkeiten haben, Grenzen zu erkennen und einzuhalten. Dies kann dazu führen, dass sie andere überfordern oder ihre eigenen Grenzen nicht respektieren.

Identitätsprobleme:
Menschen mit BPS können Schwierigkeiten haben, eine klare Identität zu entwickeln, was sich auf ihre Beziehungen auswirken kann, da sie möglicherweise Schwierigkeiten haben, sich selbst in Beziehungen auszudrücken oder ihre Bedürfnisse klar zu kommunizieren.

Was bedeutet das alles im Alltag?

Ich kann nur meine Sicht auf die Dinge erläutern und versuche dabei mich selbst zu hinterfragen.

Ich bin kaum bis gar nicht beziehungsfähig, obwohl ich ein extrem sensibler und empathischer Mensch bin. Jedenfalls bin ich das in meinen Ureigenschaften.
Dennoch habe ich extreme Bindungsängste und Probleme, anderen Menschen zu vertrauen.
Das basiert zum einen an erlebten Beziehungen in denen ich erfahren musste, das Vertrauen und Innigkeit mit Füßen getreten wurden, zum anderen war auch ich derjenige, der genau so gehandelt hat. Ich bin keinen scheiß besser als diejenigen, die ich anprangere.
Ich habe viel verbrannte Erde hinterlassen, Menschen verletzt und unfair behandelt.
Nein, ich schiebe es nicht auf diese Krankheit, ich reflektiere das ganz nüchtern.
Denn, ob ich krank bin oder nicht, mit den Konsequenzen muss ich leben, dafür gibt es keine Ausreden. Es ist mein Handeln gewesen. Es war mein Verhalten, das die Dinge hat so entstehen

lassen.
Kein Pardon!

Diese Mischung hat jedoch eine Ursache und die liegt in der Kindheit. Wenn du als Kind nach Nähe und Geborgenheit suchst aber immer abgewiesen wirst, legst du dir einen Mantel um, der dunkler und schwerer nicht sein könnte.
Ein Kind ist in seinem Verhalten das, was aus ihm gemacht wird. Es hat gar keine andere Chance, außer sich so zu entwickeln, wie es ihm beigebracht wird.
Jetzt kann man sagen, na gut aber das ist keine Rechtfertigung für späteres Verhalten. Dem stimmt ich zu 100% zu. Wenn da nicht diese Krankheit wäre, die dafür sorgt, dass man dieser Entwicklung einfach nicht beiwohnen darf.
Borderline ist wie Herpes.
Bei dem einen bricht es aus, bei dem anderen nicht. Es schlummert in jedem von uns. Ich hatte "das Glück", dass ich zu den 1% der deutschen Bevölkerung gehöre, bei denen ist ausgebrochen ist ohne das ich davon wusste.
Na prima, Jackpot!
Man hat mich immer als aufbrausend und nicht kontrollierbar bezeichnet und ich tat dies mit dem Gedanken ab, dass ich halt viel negatives habe erleben müssen. Zack, Erklärung parat und gut ist. Das ist der denkbar einfachste Weg damit umzugehen. Nicht darüber nachdenken warum und weshalb etwas ist wie es ist, nein, das wäre zu viel an Reflektion gewesen.
Natürlich nimmt das kein gutes Ende.
Natürlich hinterlässt all das Spuren und diese Spuren liebe Leser, werden immer tiefer und deutlicher sichtbar.

Stellt euch vor, ein Panzer fährt dauerhaft vor- und zurück und das nicht auf gutem, harten Beton sondern auf unwegsamen Gelände. Wie sehen wohl dann die Fahrrinnen aus? Genau! Tief und bedrohlich wirken sie.

Willkommen in meinem Hirn.

11. DIE THERAPIE

Faktencheck! Mal wieder. Die hier folgenden Therapieformen werden häufig bei der Behandlung von BPS eingesetzt:

Dialektisch-behaviorale Therapie (DBT):
DBT ist eine evidenzbasierte Therapie, die speziell für die Behandlung von BPS entwickelt wurde. Es konzentriert sich darauf, emotionale Regulation und zwischenmenschliche Fähigkeiten zu verbessern und hilft bei der Reduzierung selbstschädigenden Verhaltens und suizidaler Gedanken.

Kognitive Verhaltenstherapie (CBT):
CBT ist eine Therapieform, die auf der Annahme basiert, dass Gedanken, Gefühle und Verhaltensweisen miteinander verbunden sind und mithilfe von Techniken wie Gedankenprüfung und Verhaltensexperimenten die Verhaltensweisen geändert werden können.

Psychodynamische Therapie:
Diese Therapieform konzentriert sich auf die Erforschung der tief verwurzelten emotionalen Konflikte, die BPS verursachen können, und auf die Verbesserung der zwischenmenschlichen Beziehungen.

Schema-Fokussierte Therapie (SFT):
SFT ist eine Behandlungsmethode, die darauf abzielt, maladaptive Muster und Überzeugungen zu identifizieren und zu ändern, die bei Menschen mit BPS häufig auftreten.

Achtsamkeitsbasierte Therapie:
Diese Therapieform konzentriert sich auf das Bewusstsein im gegenwärtigen Moment, wodurch Betroffene lernen, ihre Emotionen und Gedanken besser zu regulieren.

An Dieser Stelle nochmals mein Appell an euch, die ihr entweder betroffen seid, oder an diejenigen unter euch, die mit einem Betroffenen zu tun haben.
Ohne eine adäquate Therapie werdet ihr euch nicht helfen können. Auch wenn ihr punktuell glaubt, ihr habt alles im Griff, wird es euch auf Dauer nicht weiterbringen. Stellt euch nur mal vor, euer Horizont ist begrenzt und ihr habt eine wirklich gefährliche Krankheit, die oftmal tödlich verläuft. Warum dieses Risiko eingehen? Ja ich weiß, wir sind Grenzgänger aber warum eine Grenze austesten, die mitunter die letzte sein könnte?
Lasst euch helfen!

Ich befinde mich jetzt in Therapie Nummer drei.
Die ersten beiden brach ich ab. Warum?
Weil es dauern kann bis man den Therapeuten, die Therapeutin gefunden hat, wo man sich sicher und wohl fühlt. In einer Therapie wird ein "sicherer Ort" geschaffen und genau den braucht ihr.
Eine Therapie ist hart und kostet neben ganz viel Zeit auch ganz viel Kraft. Ihr müsst Hausaufgaben erledigen wenn ihr ein Fehlverhalten an den Tag gelegt habt, ihr müsst sogenannte Verhaltensanalysen schreiben bzw. in der Therapie erörtern und ihr werdet konfrontiert.
Konfrontation ist mitunter der schlimmste Part in einer Therapie, ist aber logischerweise unabdingbar.

Im Normalfall werden von der Krankenkasse 80 Sitzungen genehmigt. Das hört sich viel an. Wenn ihr euch allerdings mitten in der Therapie befindet, kommt einem das krass wenig vor und man hat Sorge, das es nicht ausreichend ist.
Natürlich kann man danach, bei Notwendigkeit, auch eine Folgetherapie beantragen. Das kann von Akut-Therapie bis zur "Nachsorge" alles beinhalten. Macht euch da am besten an offizieller Stelle schlau, sprecht mit eurer Krankenkasse oder im besten Fall mit eurem Therapeuten, eurer Therapeutin darüber. Dort wird euch geholfen.

Was aber macht meine Therapie mit mir?

Am Anfang steht die Verschlimmbesserung. Ich wurde und werde immer wieder in Situationen geworfen, die nicht einfach zu handeln sind. Dafür ist dieser "sichere Ort" da. Er soll sicher sein und das ist er auch.
Ich weiß nicht wie oft ich nach Hause gefahren bin und gedacht habe, ich breche hier und jetzt alles ab und tue mir das nicht mehr an.
Oh man, mehr als nur einmal.

Aber dennoch findet bei mir nach jeder Stunde, nach jeder Sitzung eine auseiandersetzung mit mir selbst statt und ich versuche so gut es geht, jede Stunde zu reflektieren und mir damit zu helfen.
Die Therapie selber stellt natürlich nur ein Hilfsmittel dar. Das muss jedem klar sein. Umsetzen müsst ihr, bzw. muss ich es.
An manchen Tagen will man einfach nicht mehr. Man will das alles nicht mehr aushalten müssen und man versucht auf erlernte Skills zurückzugreifen, auf Ratschläge und Vorkehrungen einzugehen und nichts, einfach nichts hilft. Dann stellt man fest, dass man noch nicht wirklich "geheilt" ist, dass man so derbe angreifbar und hilflos ist.
Aber ich kann euch nur sagen: Es wird besser!
Mit jeder Sitzung, mit jeder Reflektion und auch mit jedem wiederkehrenden Schmerz.

An dieser Stelle sei ganz klar und deutlich etwas gesagt:
Das hier betrifft mich und meine Erfahrungen mit einer Therapie!
Ich weiß, da draußen gibt es weitaus krassere Fälle, die nicht mit einer "herkömmlichen" Therapie auskommen, die einen gesetzlichen Vormund benötigen, die quasi in Obhut sind und jeden Tag dagegen kämpfen, sich zu suizidieren.
Klingt das krass?

Dann herzlich willkommen in der Welt des Borderlines.
Hier ist es nicht schön, weder für mich noch für jeden Betroffenen und auch nicht für sein Umfeld.
Hier entspringt kein Schokoladenbrunnen, hier ist es dunkel und morbid.

Ja, es liest sich heftig, ich weiß.

Aber so ist es nunmal. Macht euch frei von dem Gedanken, Borderline sei heilbar. Ist es nicht.
Es gibt allerdings ein großes ABER:
Man kann lernen damit zu leben, damit umzugehen. Es ist ein langer Weg und der ist mehr als nur holprig. Da liegen Felsen rum und eine Steilwand tut sich vor einem auf, aber bisher wurde jeder Achttausender irgendwann bestiegen und auch diese Krankheit kann bestiegen werden, wenn ihr es zulasst.

Mir hilft meine Therapie sehr.
Ganz klar.

Aber sie heilt mich nicht und meine Therapeutin ist auch nicht der Heiland. Sie weist mir Wege und zeigt mir mein Verhalten auf, spiegelt mich und sorgt für Sicherheit, zumindest in den jeweiligen Sitzungen.

Danach gehe ich aber alleine raus in die Welt, muss für mich selbst sorgen und das ist teilweise mehr als nur anstrengend. Einfachste

Dinge erscheinen mir so unfassbar schwer, sei es der Gang zum Briefkasten (ja, tatsächlich ein Trauma von mir) oder mich von der Couch zu erheben wenn es Richtung Hochanspannung geht. Da lasten Tonnen auf meinem Körper und mein Kopf scheint aus einem derart schweren Material, dass ich ihn selbstständig nicht erhoben bekomme.

Dann diese Anfälle.
Zittern, verkrampfen, reinsteigern in fiktive Situationen, kalter Schweiß und die Köperkerntemperatur steigt auf, gefühlt, 50 Grad Celsius.
Eigentlich ist in diesem Moment das Ende greifbar nah und doch so meilenweit entfernt. Irgendwo in diesem Zustand scheint eine Matrix und in der bewege ich mich dann.
Es ist und scheint ein luftleerer Raum zu sein, in dem es sich kaum atmen lässt, man aber trotzdem einen kleinen Luftzug wahrnimmt, einen Luftzug, der einen nicht ersticken lässt.
Mittlerweile erkenne ich diese Zustände an, weiß das sie kommen und kurz verweilen, weiß aber auch, dass ich sie überlebe. Auch wenn das Herz so laut klopft, das es sich wie ein Infarkt anfühlt, oder ein Schlaganfall. Ich werde es ganz sicher überleben.
Anschließend bleibt euch und mir nur eines:
Setzt euch mit so einem Anfall oder einer Episode auseinander. Nehmt es nicht einafch hin. Jedesmal geht man etwas gestärkter aus so einem Erlebnis hervor.
Versucht es zumindest.

Ihr seht, auch ich habe noch einen langen Weg vor mir, bin weit, weit weg von safe.
Ich habe auch nur einen Skill:
Ich spreche meinen Podcast ein und schreibe auf, was ich erlebe.
Mir bringen Dinge wie Schärfe, kaltes oder schmerzhaftes nichts.
MIR bringen sie nichts. Das heißt nicht, dass ihr auch immun dagegen sein müsst. Probiert jeden erdenklich, möglichen Skill aus.

Hier eine kleine Liste mit möglichen Skills. Ich liste diese nach den Phasen der Anspannung auf.

Achtsamkeit üben: 0 - 30 % Anspannung
Was-Fertigkeiten:
-Stategiespiele wie z.B. Schach spielen, Mikado oder Yenga.
-Bewusst im Rhythmus des Atems bis 10 zählen und wieder diesen Vorgang immer wieder starten.
-Etwas essen und ganz bewusst schmecken, welche Geschmäcker man erlebt
-Gedanken beobachten und bewusst vorbei ziehen lassen.
-Scan deinen Körper - höre bewusst in jeden Körperteil , versuche ruhig werden und darauf zu achten, welche Geräusche man in der Umgebung hört und benenne sie laut.

Wie-Fertigkeiten:
-unangenehme Gefühle beschreiben
-angenehme Gefühle beschreiben
-bewusst machen, das wieder bessere Zeiten kommen
-achtsam sein für positive Erfahrungen
-schöne Erlebnisse in die Erinnerung rufen
-emotionales Leiden loslassen

Umgang mit Gefühlen: 30 - 70 %
Anspannung

1.Dein Held: Wie würde dein Held des Tages mit der Situation umgehen (das kann ein Superheld, Idol oder eine Person aus eurem Umfeld sein)

2.Entgegengesetztes Handeln - statt Flucht der Situation stellen

3.Entgegengesetztes Denken - statt Panik einen sicheren Ort vorstellen

4.Entgegengesetzte Körperhaltung - groß und stark sein, eine aufrechte Haltung annehmen

5.Akzeptanz - "Scheisse passiert" ,statt sich weiter zu ärgern. Lächeln, das löst im Körper Entspannung aus.

6.Verantwortung übernehmen - ich entscheide selbst, ob ich sauer bin oder ob ich mir einen guten Tag gestalte.

7.Gedanken hinterfragen - stimmt es wirklich, dass mich niemand mag? Ist das so?

8.Gefühle niederschreiben, was genau ist da grade los?

9.Rede mit der Person deines Vertrauens

10.Körperliche Bewegung - mach Sport, gehe spazieren.

Skills bei Anspannung: 70 % und mehr (Hochanspannung):

-Chilischoten oder Chilibonbons essen
-Brausetabletten in den Mund nehmen
-eiskalt duschen
-Kaugummis oder Bonbons mit intensivem Geschmack
 (Minze, sauer). Center Shocks eignen sich gut dafür.
-Igelball auf der Haut rollen
-Kühlpack auf die Haut legen
-laut schreien, so laut du nur kannst.
-mit Trockenbürsten den ganzen Körper abrubbeln
-Akzeptanz: Ich bin gerade hochangespannt und das ist okay so. Akzepiert es wie es ist, dagegen ankämpfen macht es nur schwerer.
-Städtenamen, Personennamen etc. von A-Z aufzählen, lenkt eure Gedanken um.
-schnell rennen gehen, raus gehen.

-Punching-Ball/Sandsack boxen (oder auf die Couch   boxen)

Das alles sind nur Empfehlungen.
Natürlich muss sich jeder seine Herangehensweise selber suchen.
Im Internet findet ihr ganz sicher jede Menge von Skill - Listen, die euch evtl helfen können.

Abschließend bleibt nur eines nochmals zu sagen:
Sucht euch bitte Hilfe!

Ich liste hier einige, relevante Notfallnummern auf:

116117 (Kassenärztliche Vereinigung)
0800/ 1110111 (Telefonseelsorge ev.)
0800/ 1110222(Telefonseelsorge kath.)
116 123 (Telefonseelsorge)

Natürlich gibt es viele andere Nummern und Anlaufstellen. Bitte macht euch da im Internet schlau.

Ich persönlich habe damals als Erstkontakt die Telefonnummer 116117 angerufen und mir wurde sofort geholfen. Ich hatte am nächsten Tag einen Termin bei einer Therapeutin.
Zugegeben, es waren nur vier Notfalltermine aber ich hatte den Fuß in der Tür des Systems!
Ein paar Tage später hatte ich den nächsten Termin bei einer Psychaterin. Dort bekam ich das erste mal Antidepressiva.

BORDER ALLEIN

12. WAS NUN?

Tja, was wird nun aus mir? Wie geht es weiter?
Ich habe euch einen kleinen Teil meines Lebens dargelegt, habe euch mit Infos zugeballert und sitze jetzt hier und draußen scheint die Sonne bei eisiger Kälte.

Allein das wahrzunehmen ist ein kleiner Anfang.

Ja verdammt, ich habe so viel Scheisse in meinem Leben erlebt und gelebt. Das ist unbestritten. Das reicht für vier Leben (laut meiner Therapeutin).

Aber soll ich deswegen jetzt die Vogel - Strauß - Taktik anwenden?
Kopf in den Sand und auf das Ende warten?
Ich denke nicht.
Ich blicke zurück auf einen heftigen Lebenslauf. Wie gesagt, ich blicke zurück!
Aber es gibt neben dem Gestern auch eine Gegenwart und eine Zukunft.
Die Zukunft lässt sich nur bedingt lenken. Ich kann aber Voraussetzungen schaffen, das es vielleicht eine gute Zukunft wird. Ich kann auch alles so lassen wie es ist und nichts wird sich ändern und das Ende wird sehr einsam verlaufen.
Es liegt alles in meiner Hand und ich muss für mich wissen, wie es weitergehen soll. Ich muss das wissen, du musst das wissen, wir alle müssen es wissen.
Der Vogel Strauß darf keine Option sein. Bei Gefahr den Kopf in den Sand stecken? Man sieht doch trotzdem den Rest des Körpers. Also wird die Gefahr, sich an dem Rest zu vergreifen und sich

daran ergözen, größer.

Nee Leute, nicht mit mir.

Mein Spiegelbild sieht nicht immer so aus, wie ich es gerne hätte.

Einen neuen Spiegel zu kaufen ist jedoch auch keine Option, ein Spiegel ist ein Spiegel und nur ich kann das Bild in dem Spiegel ändern.

Ja ich weiß, das klingt alles sehr pathetisch und frei nach dem Motto: Tschakka, du schaffst das.

Es gibt nunmal Dinge im Leben, die werden uns bis zum jüngsten Tag ereilen, daran ändern wir nichts.

Wir sehen uns mit Tod, Krieg, Leid und vielen anderen negativ behafteten Dingen konfrontiert, es ist nur die Frage was davon wir an uns heranlassen und was wir filtern können.

Der Tod gehört zum Leben dazu! Nicht nur der eigene, sondern auch der derer, die wir lieben.

So ist die Natur.

Dramen gehören zum Leben dazu, nicht jede Lebenssituation verläuft, wie wir es gerne hätten. Auch die "normalen" Menschen haben Eigenschaften und Sorgen, Ängste und Verhaltensmuster.

Nicht jeder Mensch ist gut und nicht jeder Mensch böse. Welcher Mensch für mich und für euch gut ist, das müsst ihr und ich kanalisieren und filtern.

Es werden immmer Trennungen bevorstehen, auf die ein- oder andere Art und Weise. Das ist so und das bleibt so.

13. MEDIKAMENTE

Tja, kommen wir nun zu einem Kapitel das so umfangreich wie verwirrend ist.
Ich werde den Teufel tun und hier irgendwelche Hersteller oder Arten von Medikamenten vorzustellen.

Das muss ein Arzt, bzw. ein(e) Psychologe(in) machen.
Es gibt so derart viele verschiedene Medikamante und Wirkungen, dass maße ich mir nicht an.

Ich kann dennoch versuchen, eine Allgemeingültige Erklärung zu verfassen:

Als Laie im Bereich der Psychopharmakologie kann ich Antidepressiva als eine Gruppe von Medikamenten beschreiben, die zur Behandlung von depressiven Störungen eingesetzt werden.
Diese Medikamente wirken durch Veränderung der Chemie im Gehirn, insbesondere der Neurotransmitter, die für die Übertragung von Signalen zwischen Nervenzellen verantwortlich sind.

Die meisten Antidepressiva wirken durch Erhöhung der Konzentration von Serotonin, Noradrenalin oder beidem im Gehirn.

Serotonin ist ein Neurotransmitter, der für die Regulierung von Stimmung, Schlaf, Appetit und Sexualtrieb verantwortlich ist. Noradrenalin beeinflusst die Stimmung, die Konzentration und die Energie.

Es gibt verschiedene Arten von Antidepressiva, die jeweils auf unterschiedliche Weise wirken.
Die häufigsten Arten von Antidepressiva sind selektive Serotonin-Wiederaufnahmehemmer (SSRIs), Serotonin-Noradrenalin-Wiederaufnahmehemmer (SNRIs), trizyklische Antidepressiva (TCAs) und Monoaminoxidase-Hemmer (MAOIs).

Antidepressiva können helfen, die Symptome von Depressionen wie Traurigkeit, Hoffnungslosigkeit, Interessenverlust und Müdigkeit zu lindern. Es ist jedoch wichtig zu beachten, dass Antidepressiva nicht bei jedem wirken und dass sie mit möglichen Nebenwirkungen verbunden sein können.

Antidepressiva werden nicht nur zur Behandlung von Depressionen eingesetzt, sondern auch zur Behandlung von anderen Störungen wie Angststörungen, Zwangsstörungen, posttraumatischen Belastungsstörungen und Essstörungen.

SSRIs sind die am häufigsten verschriebene Art von Antidepressiva und wirken, indem sie die Wiederaufnahme von Serotonin in den synaptischen Spalt hemmen. Dadurch bleibt mehr Serotonin im Gehirn verfügbar, was zu einer verbesserten Stimmung und einer Verringerung der Symptome von Depressionen führen kann.

SNRIs wirken ähnlich wie SSRIs, indem sie die Wiederaufnahme von Serotonin und Noradrenalin hemmen. TCAs wirken auch auf Serotonin und Noradrenalin, aber sie haben auch eine Wirkung auf andere Neurotransmitter wie Histamin und Acetylcholin.

MAOIs hemmen das Enzym Monoaminoxidase, das für den Abbau von Serotonin, Noradrenalin und Dopamin verantwortlich ist. Dadurch erhöhen sie die Verfügbarkeit dieser Neurotransmitter im Gehirn und können die Stimmung verbessern.

Obwohl Antidepressiva bei vielen Menschen sehr effektiv sind, sind sie nicht für jeden geeignet!
Es gibt bestimmte Risikofaktoren und Kontraindikationen, die berücksichtigt werden müssen, bevor sie verschrieben werden.

Von daher ist es wichtig und ich meine wirklich wichtig, dass sie nur unter ärztlicher Aufsicht eingenommen werden, um eine angemessene Dosierung und Überwachung zu gewährleisten.

Damit schließe ich dieses Kapitel auch ab, alles weitere würde zu Verwirrungen führen und das möchte ich auf gar keinen Fall!

Ich kann nur das wiedergeben, was ich weiß, bzw. recherchiert habe. Mehr nicht.

Und bitte, nochmal:
Wendet euch in jedem Fall an die dafür vorgesehene Stellen (Arzt).

Alles andere kann in einer Katasrophe enden.

Und eines noch:
Setzt ein Antidepressiva, wenn ihr eines einnehmt, NIEMALS ohne ärztliche Betreuung ab, ich weiß aus leidvoller Erfahrung, das es alles andere als produktiv ist.

Auch das kann in einem Fiasko enden!

14. GEDANKEN EINES DEPRESSIVEN

Gedichte die ich einst und heutezutage schrieb und schreibe.
Ich will euch hier an meinen damaligen, sowie auch an meinen
heutigen Gedanken teilhaben lassen.

Ihr könnt ja weiterblättern wenn es euch nicht interessiert.

Der leise Tod

*Auf leisen Sohlen schleicht er sich in die oberste Etage
zu ihm dort oben, mit dem niemand zu tun haben will.
Er sieht nicht anders aus, riecht auch nicht anders,
eigentlich ist er
so wie du und ich.*

Gefühl? meinte er einmal zu mir.

*Wie gesagt, seine Bude war in der vierten Etage. So weit
oben, dass sie schon überirdisch weit weg schien.*

Liebe? lallte er ein anderes Mal.

Ich glaube ich mochte ihn. Er war gut in seiner Rolle.

*Langsam drehte er den Gashahn seines uralten Ofens
auf, legte sich hin und wartete.*

*Kennt ihr das? Wenn man auf was wartet was
eintreffen könnte, aber nicht einschätzbar ist?
Genau darauf hat er wohl gewartet.*

*Wie lange?
Keine Ahnung!*

*Irgendwer schellte bei ihm. Vielleicht der Paketdienst,
oder der Hausmeister, vielleicht auch ne Nutte.
Der Funken reichte aus.*

Den Knall nahm er noch wahr.

*Seine Einrichtung flog Richtung Universum. Die
Couch landete auf dem Mars. Sein Leben verteilte sich
auf den Dreck dieser Stadt, alle hatten was von ihm;
urplötzlich…*

An diesem Tag spielte er seine Rolle verdammt gut.

©Borderallein

Gefangen in 42m²

*Gefangen in 42m²
endlose Enge
Wände rücken immer näher
engen mein Hirn ein
mauern meine Seele ein*

*Licht schimmert durch´s Fenster
die Sonne strahlt
und ich friere*

*Der Märtyrer ist tot
es lebe der Märtyrer*

*Rebellen leben reiner
sie töten nicht laut
nein,
leise schleicht der Tod
bitter schmeckt das Verderben*

*42m² voller Nichts
ein neues Leben
in alter Disharmonie
back to the Roots
the Spirit von irgendwas*

Whatever

*Es schnürt meine Kehle
die Weiten scheinen weit weg
entfernen sich von Tag zu Tag
die Welt steht still
sie steht
in diesen 42m²*

*Ich beginne die Suche nach dem Sinn neu
arbeite mein Ich auf
versuche klar zu denken
klar zu handeln
gebe einen Dreck auf Konformität
versuche mich nicht zu verlieren
mich nicht zu verändern
finde mich neu*

*Als Gefangener hast du nicht die Wahl
du nimmst sie dir selbst*

Diesen Weg muss ich gehen
wie viele Wege vorher
am Ende
steht ein neuer Anfang
dessen Ende
ich nicht sehen möchte

42m²
gefangen
Gefangener
abgeurteilt
mein Gedankenvermächtnis für dich
für euch
für den Rest
ich reisse Mauern ein
um sie wieder neu zu mauern...

Das ist es
das war es
so bleibt es nicht...

©*Borderallein*

Rückblickend

Ich habe so vieles zerstört
Möbel
Gefühle
Körper

Nichts war heilig
in einem Leben
das vielleicht besser gelaufen wäre

wenn nicht ich es gelebt hätte

Aber das ist nicht zu ändern

Ich hinke der Zeit hinterher
möchte vieles ändern
wiedergutmachen
doch Vergangenes holt nur ein
aber hat immer Bestand

Verlorene Lieben
verlorene Menschen
nichts gibt einem das Leben zurück
vom Umtausch ausgeschlossen
bitter
aber wahr

Heute sitze ich hier vor diesem Gedicht
mit Wehmut im Gesicht
einem Riss im Herzen
denke an euch alle
die ihr gewesen seid
manchen danke ich für ihre Existenz
manchen nicht
und bei manchen entschuldige ich mich

So long
mehr wollte ich auch nicht
einen schönen Tag noch

©Borderallein

Zu viel

Whisky, Jägermeister, Bier, Schnaps und Wein
Kokain, Speed, LSD
nichts wurde ausgelassen

Raubbau an Körper und Geist

Eine geschundene Seele schindet sich weiter
ohne Unterlass
ohne Rücksicht auf Verluste
immer auf der Suche nach der guten Zeit

gefunden habe ich sie nie

doch die Suche endet nicht hier

nicht jetzt und nicht heute

Noch immer erweitere ich mein Spektrum
legal
illegal
auf dem Weg
das Verstehen zu begreifen

Das Leben wird gefühlt
ohne bereuen
mit Stärke im Herzen
mit Willen im Geiste

Noch immer sitze ich hier
schreibe meine Gedanken auf
verarbeite mein Leben auf eine
kranke
morbide Art und Weise

Ob es hilft?

Fragt meinen Therapeuten!

©Borderallein

Mein Getränk und ich

Sitze hier bei ein paar Flaschen Bier
höre die 5te von Tschaikowsky
sonder mich seit Tagen schon von meiner Umwelt aus
völlig isoliert
desillusioniert
kann sein,
dass ich mich später noch erschieße .

Alleine trinken macht irgendwie schneller besoffen
kann mir nicht helfen,
aber meist ist es besser allein zu saufen
schon der Ruhe wegen.
Keiner sagt ein Wort,
außer ich wenn ich mit mir rede
(kommt des Öfteren vor)
der Rest da draußen ist mir egal
er kann ohne mich
und ich ohne ihn.

Andächtig lausche ich den Klängen aus dem Radio
Gott, wie rein es klingt
wie ehrlich und brutal
irgendwo hab ich noch ein Klumpen Shit,
nur wo?
Scheiße,
ich find mich schon in meiner Hütte nicht zurecht
wie soll ich da draußen klarkommen?
Ein Dauerrausch wäre ne Alternative denke ich

ich nehme die Masse da vor meiner Tür
sowieso nur wie in Trance wahr
sie gibt mir nichts
und ich ihr nicht,
ein gelungenes Abkommen wie ich finde.

Im Fernsehen hört man von Menschen die Kriege
anzetteln;
Na von mir aus sollen sie doch.
Hier bin ich der einzige der einen Krieg aufleben lässt
hier in meinen vier Wänden
streite ich mich mit einer leeren Flasche
schreie sie an sie solle sich wieder füllen oder so ähnlich
kämpfe gegen meine Verblödung
meist ohne Erfolg.

Erschießen hab ich mittlerweile verdrängt
heute nicht
morgen vielleicht
es ist noch was zu trinken da
den Klumpen hab ich nicht gefunden
was soll's .

©Borderallein

Nichts geht mehr

Die letzte Bahn ist genommen
Halluzinogene Wirkungen lassen behäbig nach
ich inhaliere mein Leid
und kotze es, wie im Wahn, wieder raus.

Kein Rausch mehr
nur noch Schmerz

nur noch morbide Ausraster
krankes Gemüt
unberechenbare Emotionen.

„Das Leben ist´ne Hure
und am Ende gehst Du drauf"

Möglich.

Zu hohe Preise hat man zu oft bezahlt
der Dealer ist das Leben
mit all seinem Leid
all seinem Hass
dem Blut
und dem Horizont, den man nie erreicht.

Bis hier hin und nicht weiter
es tut zu weh –
die paranoiden Träume
die verschobene Wirklichkeit
die Herrschaft des weißen Giftes.

Ein Toxischer Körper
erklimmt den Berg des Seins
pisst auf den Gipfel
und steigt gereinigt herab
in ein Tal,
dass lange vergessen wurde....

©Border allein

67

Nachwort

Ich will mich bedanken.
Bei all denen, die sich mit auf meinen Weg gemacht haben,
die mich und meine Krankheit aushalten, obwohl es ganz sicher
nicht einfach ist - im Gegenteil. Es ist eine Herausforderung die
ihresgleichen sucht!

Natürlich bedanke ich mich auch bei meiner Community, die mich
und meinen Podcast, respektive meine Arbeit, so sehr unterstützt,
ohne euch hätte ich auch dieses Buch nicht verfasst.
Warum auch?
Es hätte keinen Anlass dafür gegeben.

Ich hoffe inständig, dass ich irgendwann ein normales Leben
führen kann, dass ich weit weg von diesen Zuständen leben darf.
Denn ich will leben. Ich möchte diese Krankheit nicht gewinnen
lassen.

Ich wünsche jedem von euch da draußen, dass er es schaffen
möge.

Bleibt stark. Das Leben ist etwas wertvolles, seht und nehmt es so
an!

So endet an dieser Stelle dieses Buch, alle Zeilen sind geschrieben
und ich habe einen lang gehegten Traum wahr gemacht.
Ich habe ein Buch geschrieben.

Was hast du für Träume?
Versuche doch sie umzusetzen!
Versuche es zumindest.
Scheitern ist erlaubt, wenn der Vater des Gedanken war: Ich will!

Was im Endeffekt daraus wird, das kann man nicht vorhersehen

und es ist auch nicht wichtig.
Wichtig ist, dass man es versucht hat und im besten Falle auch umgesetzt hat.
Ob dieses Buch kommerziell ein Erfolg wird? Das ist mir persönlich völlig egal. Ich habe mich in jeder Zeile voll in meine Realität geschossen und mich mit meinen Strukturen auseinander gesetzt. Allein dafür war es jede Zeile wert.

Natürlich hoffe ich, dass ihr davon zehren könnt, dass ihr vielleicht durch diese Zeilen ein wenig Mut schöpft.

Das wäre wünschenswert.

In diesem Sinne, gehabt euch wohl,
euer Sven
(Border allein)

EPILOG

Ich blicke zurück auf die letzten Jahre und es fällt mir schwer zu glauben, wie weit ich gekommen bin. Es gab Tage, an denen ich mich nicht aus dem Bett bewegen konnte, weil es mir so schlecht ging.

Aber ich habe mich nicht aufgegeben. Ich habe hart daran gearbeitet, meine Depression zu überwinden und wieder ein normales Leben zu führen. Es gab viele schwere Tage und Rückschläge und die gibt es auch heute noch, aber ich habe mich immer wieder aufgerappelt und weitergemacht.

Ich habe gelernt, wie wichtig es ist, um Hilfe zu bitten und nicht alleine zu kämpfen.
Meine Engsten und meine Freunde haben mir geholfen, wenn ich es am meisten gebraucht habe, und ich habe , vor allem, professionelle Hilfe in Anspruch genommen.

Heute bin ich dankbar dafür, dass ich den Mut hatte, meine Depression anzugehen und zu bekämpfen. Ich bin nicht mehr der gleiche Mensch, es verändert einen, aber ich glaube, ich bin stärker und selbstbewusster geworden.
Ich weiß, dass das Leben nicht immer einfach sein wird, dass weiß ich wohl, aber ich bin zuversichtlich, dass ich jedes Hindernis überwinden kann, das sich mir in den Weg stellt.

Ich möchte anderen, die sich in einer ähnlichen Situation befinden, Mut machen.
Deswegen dieses Buch.

Es gibt immer Hoffnung und es ist nie zu spät, um Hilfe zu suchen. Mit der richtigen Unterstützung und einer positiven Einstellung ist alles möglich.

Danke an jeden Einzelnen da draußen.

ÜBER DEN AUTOR

So erzählen Freunde es sich:
"Sven ist einer der emphatischsten Menschen die ich kenne, er ist immer für einen da und stellt sich selbst in den Hintergrund, wenn es angebracht ist."

Ich habemir einen Traum erfüllt.
Ich habe ein Buch geschrieben.